MINI

Sticker-Anziehpuppen

BEIM SPORT

arsEdition

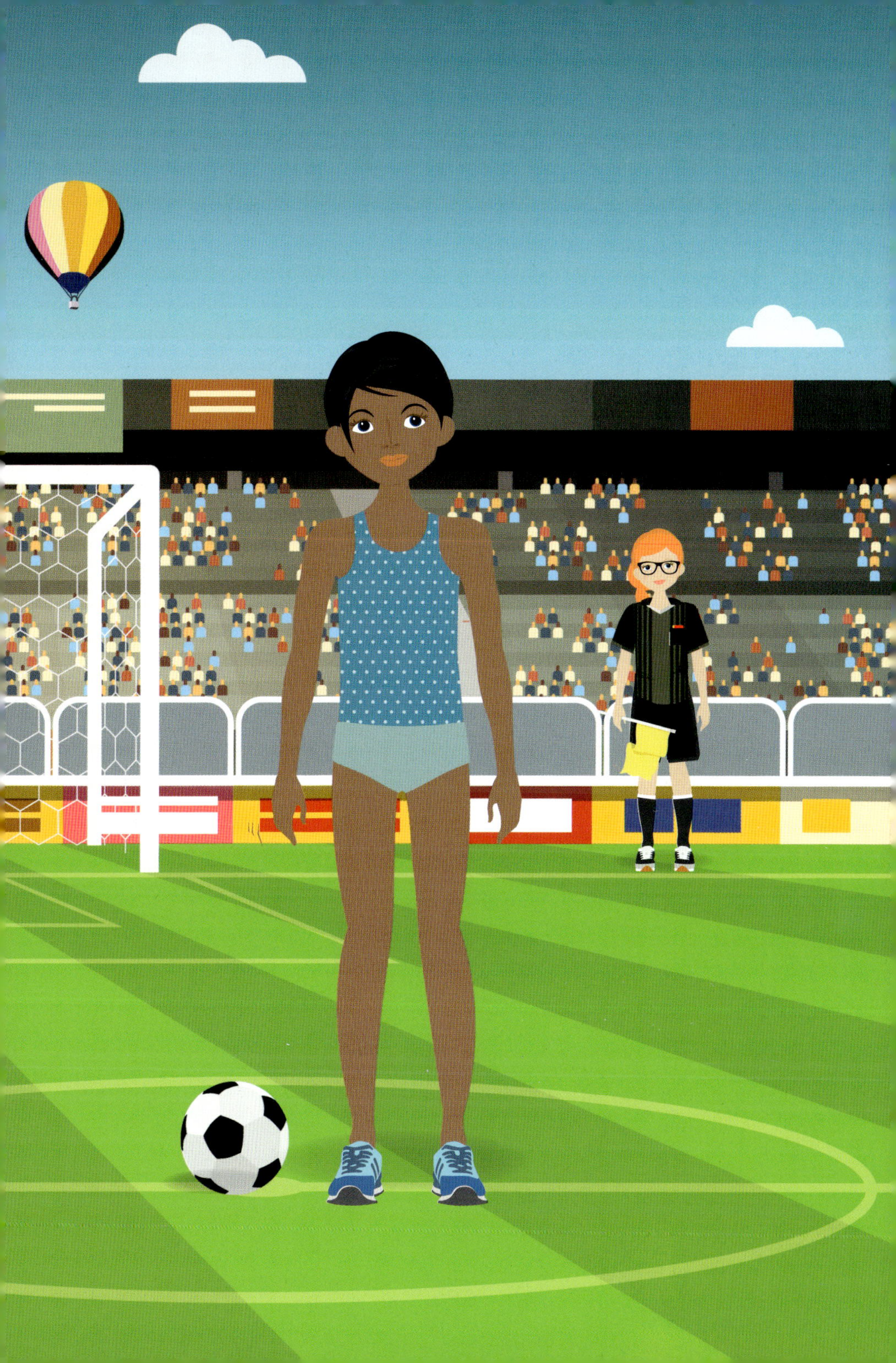

13
1
13

Kennst du die schon?

ISBN 978-3-8458-5807-4

ISBN 978-3-8458-5805-0

ISBN 978-3-8458-5804-3

Du möchtest noch mehr von uns kennenlernen?

FSC
www.fsc.org
MIX
Papier | Fördert gute Waldnutzung
FSC® C020056

Friedrichstraße 9, D-80801 München

Illustration und Gestaltung: Eva Schindler
Bildnachweis:
COVER:AdobeStock: Artulina, intararit, Wanlee, wladislawka
INHALT: Alena, anatolir, Anton Shpak, backup_studio, Barry Barnes, bert, blueringmedia, Bohdan Skochii, caoru, creativeteam, Dim Tik, elfivetrov, faalil, faber14, Frogella.stock, GN.STUDIO, Good Studio, greenpicstudio, grgroup, i_mARTy, intararit, ira_qiwi, Iryna Danyliuk, Jallo, JJAVA, Klepsidra, klyaksun, kokoshka, LISTIKANAH, lizavetas, Macrovector, margolana, MarySan, mast3r, mejn, mejorana777, mgdrachal, MindGem, motis_illustration, Mykola, Mykola Mazuryk, nikiteev, olgasalt, Olgastocker, ONYXprj, PCH.Vector, PikePicture, PlutusART, Quarta, Rinat Khairitdinov, Rogatnev, Rozy, Saiful, scusi, Sensvector, Shorena Tedliashvili, SimpLine, skypicsstudio, SolaruS, Sophia, ssstocker, ternina, The img, thingamajiggs, Thomas Pajot, thruer, Vectorvstocker, Wanlee, WinWin, wladislawka, yojo, Zentangle, zolotons, Дмитрий Макаренко
GettyImages: MrsWilkins, Shutterstock : puputadisaputra

ISBN 978-3-8458-5806-7

www.arsedition.de